# EL LIBRO (DES)PREOCUPADO

**SIENTE TU FUERZA, ENCUENTRA LA CALMA Y DOMINA LA ANSIEDAD**

RACHEL BRIAN

Historias gráficas

**PARA ENZO, EL VALIENTE, QUE ACOGE Y ACEPTA SU ANSIEDAD. AUNQUE NUNCA LA HA DERROTADO DEL TODO, LA ANSIEDAD NO LE IMPIDE SEGUIR LOS DICTADOS DE SU CORAZÓN**

El libro (des)preocupado

Título original: *The worry(less) book*

© 2020 Rachel Brian (texto, ilustraciones y portada)
© 2020 Hachette Group, Inc.

Esta edición se publicó según acuerdo con Little, Brown and Company, Nueva York, Nueva York, Estados Unidos. Todos los derechos reservados

Traducción: Laura Lecuona

D.R. © 2025, Editorial Océano, S.L.U.
C/ Calabria, 168-174 - Escalera B - Entlo. 2ª
08015 Barcelona, España
www.oceano.com

D.R. © 2025, Editorial Océano de México, S.A. de C.V.
Guillermo Barroso 17-5, col. Industrial Las Armas
Tlalnepantla de Baz, 54080, Estado de México
www.oceano.mx
www.oceanotravesia.mx

Primera edición: 2021
Primera reimpresión: agosto, 2025

ISBN: 978-607-557-340-3
Depósito legal: B 14247-2021

Todos los derechos reservados. Quedan rigurosamente prohibidas, sin la autorización escrita del editor, bajo las sanciones establecidas en las leyes, la reproducción parcial o total de esta obra por cualquier medio o procedimiento, comprendidos la reprografía y el tratamiento informático, y la distribución de ejemplares de ella mediante alquiler o préstamo público.
La infracción de los derechos mencionados puede constituir un delito contra la propiedad intelectual. Queda prohibida la reproducción total o parcial de este libro para el entrenamiento de tecnologías o sistemas de inteligencia artificial. El autor y la editorial no se responsabilizan del uso indebido de su contenido. Diríjase a CEDRO (Centro Español de Derechos Reprográficos, www.cedro.org) o a CeMPro (Centro Mexicano de Protección y Fomento de los Derechos de Autor, www.cempro.org.mx) si necesita reproducir, fotocopiar o escanear algún fragmento de esta obra.

IMPRESO EN ESPAÑA/*PRINTED IN SPAIN*

9005530020825

ESTE LIBRO ES PARA LA GENTE QUE SE PREOCUPA...
ENTONCES, SÍ, ES PARA TODO MUNDO.

LO QUE ESTE LIBRO **PUEDE** HACER:

LO QUE **NO PUEDE** HACER:

# LA ANSIEDAD ES UN SENTIMIENTO,

COMO ESTOS OTROS:

ES SENTIR

PREOCUPACIÓN, NERVIOSISMO o TEMOR.

LA ANSIEDAD PUEDE ALERTARNOS ANTE UNA AMENAZA.

PERO TAMBIÉN PUEDE SER ALGO MUY INCÓMODO.

# ASÍ, YA SEA QUE TENGAS

UN POCO DE ANSIEDAD POR UNAS CUANTAS COSAS  O  MUCHA ANSIEDAD POR UN MONTÓN DE COSAS,

- PASAR AL FRENTE EN CLASE
- LOS PERROS MALOS
- VIAJAR EN AUTOBÚS
- LA COMIDA DE LA CAFETERÍA
- ¡TODOS LOS PERROS!
- HACER NUEVOS AMIGOS
- LOS ABUSONES
- RECITALES
- PRUEBAS DE MATE

## ESTE LIBRO ES PARA AYUDARTE A

COMPRENDER TU ANSIEDAD

— ¡YA TE ENTENDÍ!
— ¡AWWW!
— ANSIEDAD

RECONOCER QUE ES PARTE NORMAL DE LA VIDA.

— ¡OH! AQUÍ ESTÁS.
— ¡EY!

BUSCAR ESTRATEGIAS PARA TRANQUILIZARTE.

— ¡HASTA LUEGO!
— HERRAMIENTAS

# Capítulo 1: EL SISTEMA DE ALARMA DE TU CUERPO

CADA DÍA TODOS TENEMOS UNA MEZCLA DE SENTIMIENTOS DIVERTIDOS Y NO TANTO:

Y **TODO** EL MUNDO A VECES SIENTE ANSIEDAD.

LA ANSIEDAD ES COMO EL SISTEMA DE ALARMA DE TU CUERPO: TE ADVIERTE DEL PELIGRO.

A VECES SUENA LA ALARMA PORQUE TU CEREBRO **PREDICE** QUE UNA SITUACIÓN PODRÍA SER PELIGROSA.

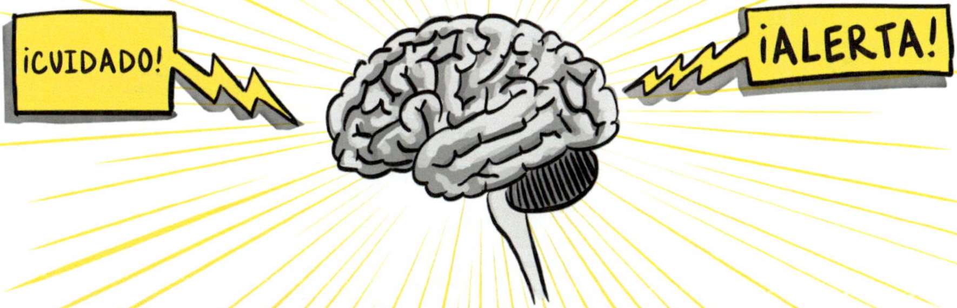

# LA ANSIEDAD APARECE DE DIFERENTES MANERAS...

## PUEDES SENTIR:

**INQUIETUD**
(COMO QUE LAS COSAS NO ANDAN BIEN)

**TEMOR**
(CON MIEDO DE QUE ALGO SEA PELIGROSO)

**NERVIOS**
(AGITACIÓN, FÁCIL DE ASUSTAR, CON LOS NERVIOS DE PUNTA)

**PREOCUPACIÓN**
(OCUPARSE EN IMAGINAR PROBLEMAS FUTUROS)

**ESTRÉS**
(TENSO Y ABRUMADO)

**PÁNICO**
(TIENES MUCHO MIEDO DE REPENTE)

# AUNQUE QUIZÁ NO SIEMPRE SEA BIENVENIDA, ALGO DE ANSIEDAD PUEDE SER ÚTIL:

## LAS PREDICCIONES DE TU CEREBRO PUEDEN MANTENERTE A SALVO.

# PERO DEMASIADA ANSIEDAD PUEDE SER UN PROBLEMA:

## ALGUNAS ANSIEDADES NO SON ÚTILES...

## SOBRE TODO SI LO QUE TE PREOCUPA NO ES REALMENTE UN PROBLEMA.

A VECES LA ANSIEDAD
NO TIENE UN OBJETO CLARO.
TE PREOCUPAS,
PERO POR NADA EN PARTICULAR.

OTRAS VECES TU ANSIEDAD TIENE UNA CAUSA,
PERO NO SABES CUÁL ES.

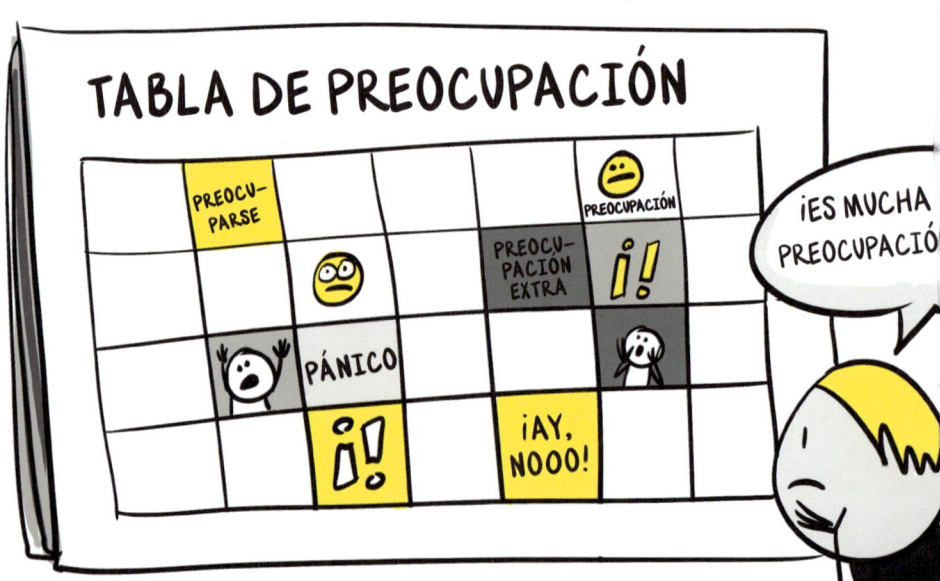

# CUÁNTA ANSIEDAD SIENTAS ES ALGO QUE VARÍA.

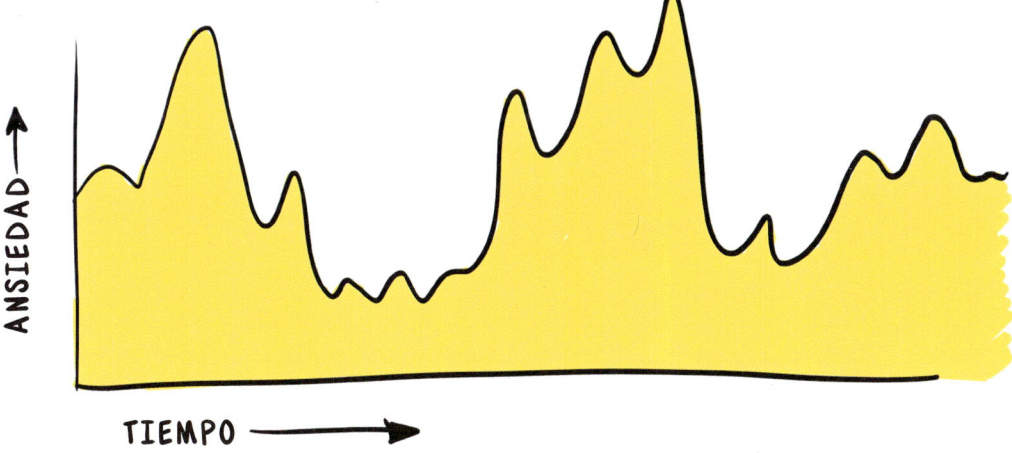

PERO NO HAY UNA CANTIDAD "CORRECTA" O "EQUIVOCADA".

¡SIENTES LO QUE SIENTES!

SI NO SABES RECONOCERLOS, LOS SENTIMIENTOS DE ANSIEDAD PUEDEN SER INQUIETANTES.

PERO CUANDO CONOCES TU ANSIEDAD, YA NO ASUSTA TANTO.

# A VECES LA ANSIEDAD APARECE EN TUS **PENSAMIENTOS,**

SOBRE TODO SI TE PREOCUPA ALGO EN PARTICULAR.

PERO ALGUNOS PENSAMIENTOS SON FRECUENTES E INTENSOS Y NO SE VAN TRAS LA EXPERIENCIA ESTRESANTE.

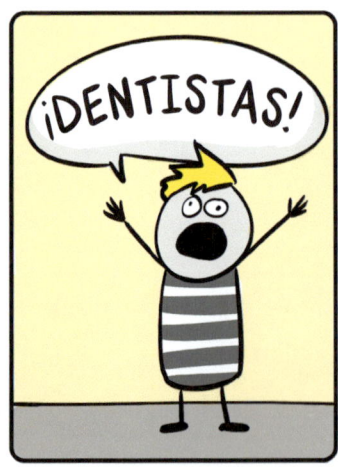

# A VECES NOTAS LA ANSIEDAD POR CÓMO TE SIENTES.

## PUEDES SENTIR UNA, NINGUNA O TODAS ÉSTAS.

# RINCÓN de la CIENCIA

## ¿QUÉ PROVOCA LA ANSIEDAD EN EL CUERPO?

**PRIMERO**
TU CUERPO DESCARGA **ADRENALINA**
(UNA HORMONA DEL ESTRÉS).

TE HACE RESPIRAR MÁS RÁPIDO Y ACELERA TU RITMO CARDIACO. ESTÁ MUY BIEN SI TIENES QUE HUIR DE UN MAPACHE ENOJADO.

PERO NO ESTÁ TAN BIEN SI QUIERES SENTIRTE TRANQUILO O DORMIR.

RESPIRACIÓN ACELERADA

FUERTES PALPITACIONES

MÚSCULOS EN SUS MARCAS, LISTOS...

# LA GENTE TIENE MUCHAS REACCIONES A LA ANSIEDAD:

# MIENTRAS MEJOR SEPAS RECONOCER LA ANSIEDAD... (CON TODOS SUS DISFRACES)

## MEJOR PODRÁS LIDIAR DIRECTAMENTE CON ELLA.

# ¡ÚLTIMA HORA!

QUIZÁ TE ESTÉS PREGUNTANDO:

> SI LA ANSIEDAD ES NATURAL Y ÚTIL, ¿POR QUÉ TENGO TANTAS PREOCUPACIONES INÚTILES?

BUENO, ES CIERTO QUE LA NATURALEZA HA CREADO MUCHAS ADAPTACIONES BUENAS Y ÚTILES, COMO:

PERO ALGUNAS COSAS NATURALES PUEDEN COMPLICAR LA VIDA:

ASÍ QUE, SÍ, TU ANSIEDAD ES NATURAL, PERO TAMBIÉN PUEDE SER UN OBSTÁCULO.

AHORA SABES CÓMO **RECONOCER** LA ANSIEDAD (¡MUY BIEN!)

AHORA TOCA AVERIGUAR SI **TE ESTÁ ESTORBANDO.**

# ¿CÓMO SABER SI LA ANSIEDAD TE ESTÁ CAUSANDO PROBLEMAS?

## PREGÚNTATE: ¿ESTOY HACIENDO LO QUE ME IMPORTA?

SI SIENTES MUCHA ANSIEDAD, Y GRAN PARTE DEL TIEMPO, PUEDE SER DIFÍCIL HACER LAS COSAS QUE QUIERES.

PUEDE SER QUE TE ESTÉ PROVOCANDO PROBLEMAS CON EL

**SUEÑO**

UNO DE LOS MEJORES MODOS DE SABER SI LA ANSIEDAD TE ESTORBA ES OBSERVAR QUÉ COSAS

SI ESTÁS EVITANDO COSAS COMO:

PUEDE SER QUE ESTÉS SUFRIENDO MUCHA ANSIEDAD.

# LA FIESTA PEDORRA

## UN MINICÓMIC SOBRE EL "¿Y SI...?"

**A VECES LA PEOR COSA IMAGINABLE RESULTA NO TENER NINGUNA IMPORTANCIA.**

# CAPÍTULO 4
## ¿TE SIENTES LO PEOR?
## ¡CUÍDATE!

¡SÍ!

SI TE ESTÁ APLASTANDO LA ANSIEDAD, QUIZÁ NECESITES UNAS HERRAMIENTAS PARA TRANQUILIZARTE Y QUITÁRTELA DE ENCIMA.

PUEDES GUARDARLAS EN TU **CAJA DE HERRAMIENTAS** PARA LA ANSIEDAD.

¿CÓMO ESTÁS?

NO, NO. NO SON LITERALMENTE HERRAMIENTAS.

SON ESTRATEGIAS QUE TE AYUDAN A SENTIRTE BIEN AUNQUE TENGAS ANSIEDAD.

IDEAS POR AQUÍ

# EMPIEZA CON LO ESENCIAL.

## OK, NO TE SIENTES MUY BIEN.

## PERO HAY ALGUNAS COSAS QUE PUEDEN AYUDAR.

TU CUERPO SE PARECE A UNA PLANTA DE INTERIOR

# SÍ.

## SI CUIDAS A LAS PLANTAS, LES VA BASTANTE BIEN:

## Y SI NO LAS CUIDAS, NO LES VA TAN BIEN.

# LO MISMO LE PASA A TU CUERPO.

NECESITA ALGUNAS COSAS BÁSICAS PARA SENTIRSE BIEN. PERO SIN ESAS COSAS...

CUANDO SIENTES CANSANCIO, HAMBRE, SED, MUCHO CALOR O MUCHO FRÍO, TU CUERPO SABE QUE ALGO ANDA MAL.

ESO DETONA EL SISTEMA DE ALARMA DE TU CEREBRO.

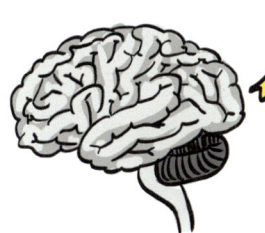

SI PUEDES CALMAR UN POCO TU CUERPO, A VECES TAMBIÉN TU CEREBRO SE PUEDE RELAJAR.

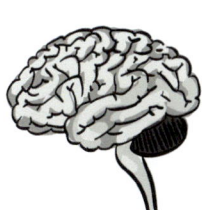

# SE BUSCAN

## POR EMPEORAR LA ANSIEDAD

CAFEÍNA — DEMASIADA AZÚCAR — MUCHO TIEMPO VIENDO PANTALLAS

CUIDADO CON ESTA PANDILLA

LA **RECOMPENSA** POR LIMITAR TU CONTACTO CON ESTOS CULPABLES:

**SENTIRTE MÁS RELAJADO.**

# OK, SI YA HICISTE TODO ESO Y **AÚN** TIENES ANSIEDAD...

*¡AHORA ESTOY LLENO DE SÁNDWICH Y DE ANSIEDAD!*

ES HORA DE BUSCAR ALGUNAS HERRAMIENTAS ESPECÍFICAS QUE SIRVAN PARA CALMARTE Y RELAJARTE.

# CÓMO FUNCIONA: RESPIRACIÓN LENTA

LA **ANSIEDAD** ES COMO EL **ACELERADOR** DEL COCHE

RESPIRAR MÁS RÁPIDO

**¡LIBERA ADRENALINA!**

¡ACELERA EL RITMO CARDIACO!

MUCHOS NERVIOS Y AGITACIÓN

LA **RESPIRACIÓN LENTA** ES COMO LOS **FRENOS**

Ahhh.

**ESTIMULA EL NERVIO VAGO** (¡ESO ES BUENO!)

EL RITMO CARDIACO VA MÁS LENTO

LLEGAN LA TRANQUILIDAD Y LA RELAJACIÓN

# HERRAMIENTA #2
# CONECTAR CON TU CUERPO

**SALIDA** → **5** OBSERVA COSAS.

COMO...
- LA VENTANA
- EL TAPETE AMARILLO
- MIS MANOS
- UNA MOSCA
- UNA BANDITA VIEJA

**1** PRUEBA COSAS
- EL SÁNDWICH DE HOY (¡ATÚN!)

**2** HUELE COSAS
- UN LÁPIZ
- MIS CALCETINES (¡FUCHI!)

**4** SIENTE COSAS
- UNA ALMOHADA
- EL SUELO EN EL QUE ESTOY
- EL AIRE
- LA MISMA BANDITA VIEJA

**3** ESCUCHA COSAS
- UN GRILLO
- MI RESPIRACIÓN
- ALGUIEN ERUCTANDO

## CÓMO FUNCIONA:

CUANDO ESTÁS ANSIOSO, TU MENTE PUEDE ESTAR AGITADA O TENER PENSAMIENTOS INQUIETANTES.

PERO CUANDO TE CONCENTRAS EN TU CUERPO Y TUS SENTIDOS, LE DAS A TU MENTE LA OPORTUNIDAD DE TRANQUILIZARSE.

¡GRACIAS POR LA AYUDA!

# HERRAMIENTA #3
# LLEVA UN DIARIO DE PREOCUPACIONES

ANOTA TODAS LAS COSAS QUE TE PREOCUPAN.

PUEDES MOSTRARLE LA LISTA A ALGÚN AMIGO O ADULTO QUE TE APOYE.

INCLUSO PUEDES PLANEAR REVISAR TUS PREOCUPACIONES MÁS TARDE. A VECES ESO AYUDA A RELAJARSE.

## CÓMO FUNCIONA:

CUANDO LAS MIRAS DE FRENTE, LAS PREOCUPACIONES DAN MENOS MIEDO.

# HERRAMIENTA #4
# RELAJACIÓN MUSCULAR

**1** ACUÉSTATE Y RESPIRA DESPACIO.

**2** PRIMERO LOS DEDOS DE LOS PIES... APRIÉTALOS LO MÁS FUERTE QUE PUEDAS POR 10 SEGUNDOS.

LUEGO DEJA QUE SE RELAJEN DURANTE 10 SEGUNDOS.

**3** AVANZA HACIA LA PARTE SUPERIOR DE TU CUERPO, APRETANDO CADA MÚSCULO LO MÁS FUERTE QUE PUEDAS Y LUEGO DEJANDO QUE SE RELAJE.

**4** NO OLVIDES LA BARRIGA, LAS PESTAÑAS Y TODO LO DEMÁS (¡SÍ, HASTA EL TRASERO!)

## CÓMO FUNCIONA:

CUANDO TIENES ANSIEDAD, TUS MÚSCULOS SUELEN ESTAR TENSOS Y RÍGIDOS. ESTA ACTIVIDAD HACE QUE CADA GRUPO MUSCULAR SE RELAJE.

TRANQUI TRANQUI

# HERRAMIENTA #5
# VISUALIZACIÓN

SI TU MENTE EMPIEZA A TENER UN PENSAMIENTO INCÓMODO TRAS OTRO, TRATA DE IMAGINARTE EN UN LUGAR RELAJANTE.

¿CÓMO ES?

¿CÓMO SUENA?

¿CÓMO SE SIENTE?

¿A QUÉ HUELE?

## CÓMO FUNCIONA:

CUANDO IMAGINAS ALGO, TU CEREBRO LO INTERPRETA COMO SI FUERA REAL. PENSAR EN UN LUGAR RELAJANTE AYUDA A QUE TAMBIÉN TU CEREBRO SE RELAJE.

# HERRAMIENTA #6
# CUESTIONAR LOS PENSAMIENTOS NEGATIVOS

QUE TENGAS UN PENSAMIENTO... NO SIGNIFICA QUE SEA VERDADERO.

*¡Estamos condenados! Condenados, te digo.*

*No, de verdad estamos bien.*

ASÍ QUE CUANDO TENGAS UN PENSAMIENTO NEGATIVO HAZTE ESTAS DOS PREGUNTAS:

**1** ¿ES PROBABLE QUE PASE?

**2** ¿QUÉ ES LO PEOR QUE PODRÍA PASAR Y CÓMO LO MANEJARÍAS?

## CÓMO FUNCIONA:

SABER QUE TU PREOCUPACIÓN ES POCO PROBABLE, Y SABER QUE, PASE LO QUE PASE, SERÍAS CAPAZ DE MANEJARLO, PUEDE REDUCIR LA ANSIEDAD Y HACERTE SENTIR MAYOR SEGURIDAD.

# CAPÍTULO 6: SALTE DE LA ZONA

*Es decir, de tu zona de confort.*

TU ZONA DE CONFORT ES LA PARTE RELAJADA Y CONOCIDA DE TU VIDA.

*¡Ah, qué suave!*

ALGUNAS PERSONAS TIENEN ZONAS DE CONFORT GRANDES:

- ADQUIRIR HABILIDADES
- EXPLORAR
- PROBAR PLATOS NUEVOS
- CONOCER GENTE
- INTERCAMBIAR IDEAS

*Creo que...*

PERO LAS DE OTRAS SON PEQUEÑAS:

- JUGAR CON MI PERRO
- VER UNA PELÍCULA

SEA COMO SEA, SALIR DE TU ZONA DE CONFORT PARA PROBAR COSAS NUEVAS Y EMOCIONANTES PUEDE HACER LA VIDA MÁS GRATIFICANTE Y DIVERTIDA.

# ES VERDAD, SALIR DE TU ZONA DE CONFORT PUEDE SER INCOMÓDO.

# PERO TU CAJA DE HERRAMIENTAS PUEDE AYUDARTE A DAR EL SALTO.

# LA MEJOR MANERA DE EXPANDIR TU ZONA DE CONFORT

# ES HACER COSAS QUE TE PONGAN **IN**CÓMODO.

## MIENTRAS MÁS APRENDAS A TOLERAR LA **INCOMODIDAD**,

FUE DIFÍCIL, PERO LO INTENTÉ Y LO CONSEGUÍ. ¡QUÉ ORGULLO!

## SENTIRÁS COMODIDAD CASI TODO EL TIEMPO.

CON MUCHA SEGURIDAD

# EL PERRO JAVI
## MINICÓMIC

## CAPÍTULO 7: APRENDE A FRACASAR

HAY MUCHAS COSAS QUE DETONAN LA ANSIEDAD, PERO MUCHAS ANSIEDADES TIENEN UNA RAÍZ PARECIDA:

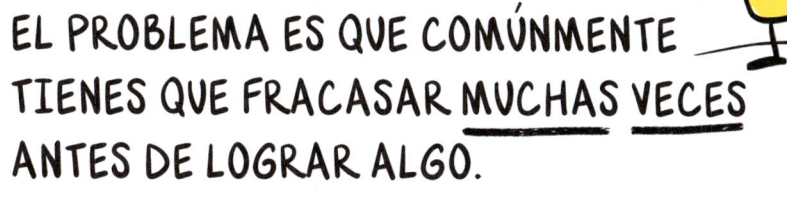

MIEDO AL FRACASO.

EL PROBLEMA ES QUE COMÚNMENTE TIENES QUE FRACASAR <u>MUCHAS VECES</u> ANTES DE LOGRAR ALGO.

PRIMERAS PALABRAS.
—¡GUA!

PRIMEROS PASOS
—¡CIELOS!

PRIMEROS ZAPATOS

PRIMERA VEZ JUGANDO BALONCESTO
—¡!
¡PLONC!

# CORRER RIESGOS

PARA APRENDER Y CRECER, A VECES TIENES QUE CORRER RIESGOS.

¿RIESGOS? ESO NO SUENA SEGURO.

NO RIESGOS DE LOS QUE TE PONEN EN PELIGRO MORTAL.

(PROHIBIDO NADAR ENTRE TIBURONES CON LOS OJOS VENDADOS Y CON CABEZAS DE PESCADO EN LA MANO.)

RIESGOS DE LOS QUE SON SEGUROS PERO QUE AL PRINCIPIO TE CAUSAN NERVIOS.

PROBAR COMIDA NUEVA

ESTUDIAR UN NUEVO IDIOMA

TOMAR UNA CLASE DE BAILE

APRENDER A ANDAR EN BICI

# MUCHA GENTE INTENTA QUE LA VIDA PAREZCA PERFECTA...
### (SOBRE TODO EN LÍNEA)

## 1 MINUTO DESPUÉS

## PERO TAMBIÉN HAY MUCHOS MOMENTOS DIFÍCILES, ANGUSTIOSOS, TRISTES Y VERGONZOSOS.

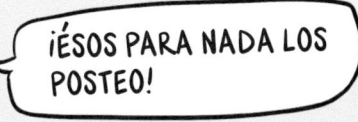

# ¿POR QUÉ LA GENTE NO HABLA MÁS DEL FRACASO?

# LA BUENA NOTICIA ES:

## ¡SÍ, LO ERES!

### SÓLO POR SER QUIEN ERES.

AUNQUE SÓLO TENGAS UN "ME GUSTA" Y SEA DE TU MAMÁ

O HAYAS SACADO UNA MALA NOTA

O COMETIDO UN ERROR

## LOS HUMANOS SON IMPERFECTOS.

IMAGÍNATE SI **ALCANZARAS** LA PERFECCIÓN. SERÍA ABURRIDÍSIMO.

# ABANDONAR LA IDEA DE LA PERFECCIÓN PUEDE REDUCIR LA ANSIEDAD.

## PORQUE CUANDO

LAS COSAS NO SALEN BIEN

O ALGUIEN SE ENOJA CONTIGO...

O TE PREOCUPAN EL PASADO O EL FUTURO...
¿Y SI...?

## PUEDE SERVIRTE RECORDAR: LAS COSAS DIFÍCILES SON PARTE DE LA VIDA. NO POR ESO ESTÁS MAL.

ESTA NOTA NO SOY YO. SÓLO NECESITO ESTUDIAR MÁS.

A VECES COMETO ERRORES. YA LO ARREGLAREMOS.

ES NORMAL PREOCUPARSE. TAMBIÉN PUEDO PENSAR EN ALGO QUE AGRADECER.

# ¡ÚLTIMA HORA!

NO TODO EL MUNDO ES COMPRENSIVO CUANDO ALGUIEN TIENE ANSIEDAD...

ALGUNAS PERSONAS PUEDEN MOSTRARSE FRUSTRADAS, REÍRSE O HASTA ENOJARSE.

## CÓMO APOYAR:

- ESCUCHA SIN JUZGAR
- TRATA DE ENTENDER
- PREGUNTA CÓMO APOYARLOS

¡MEJOR ASÍ!

ESO SUENA MUY DIFÍCIL.

CREO EN TI. ¿CÓMO PUEDO AYUDARTE?

GRACIAS.

ME AYUDA SABER QUE CREES EN MÍ.

# RECUERDA, ERES MUCHO MÁS QUE TU ANSIEDAD.

- SOY UN AMIGO LEAL.
- HAGO SÁNDWICHES DE QUESO RIQUÍSIMOS.
- ME ENCANTA ANDAR EN PATINES.
- MI BLOC DE DIBUJOS ES GENIAL.
- CREO EN MÍ.

TENGO ALGO DE ANSIEDAD Y...

E INCLUSO CON ANSIEDAD, PUEDES SER VALIENTE.

# AGRADECIMIENTOS

Agradezco a Lorenzo Battaglia, quien tiene una extraordinaria visión personal sobre el mundo de la ansiedad y que compartió conmigo muchas ideas creativas. Su lectura cuidadosa y sus observaciones fueron invaluables.

A Lisa Yoskowitz, mi editora, quien domó este libro para darle su forma final a partir de un primer manuscrito que se parecía más a un cuadro impresionista. Gracias por tu arduo trabajo y por impulsar a este libro para que se convirtiera en una gran herramienta para las niñas y los niños. Gracias a ti es un recurso mucho más valioso.

A Laura Horsley, cuyas observaciones y su grandioso título aterrizaron este libro.

A Laura Westbeerg, cuyo profundo entendimiento y mente aguda me rescataron mientras esbozaba mis ideas en una servilleta y comía bananas maduras.

Para mi sagaz hermana, cuyo cerebro y visión tomo prestados de vez en vez.

Gracias a Karina Granda y a todo el equipo de Hachette por llevar a este libro a su bella forma final.

Gracias a Molly Ker Hawn, agente extraordinaria, por su brillantez.

A la doctora Elizabeth Cohen, especialista en terapia cognitivo-conductual y brillante psicóloga clínica y una profesional increíblemente lúcida, por ser una de mis lectoras técnicas especializadas, por ofrecer una retroalimentación tan valiosa y por sugerir estrategias útiles e importantes para los niños.

Al doctor John P. Forsyth, cuyos libros sobre terapia de aceptación y compromiso fueron una inspiración. Gracias por su cuidadosa lectura y retroalimentación sobre este tipo de terapia. Sus ideas sobre cómo abandonar la lucha contra la ansiedad son uno de los fundamentos clave de este libro.

A Angela Runder, trabajadora social independiente, quien posee una gran intuición sobre la ansiedad en la infancia, por su lectura y retroalimentación.

A Julie Talbutt, por 40 años de amistad. Tengo suerte de conocerte.

A Lola y Milo Battaglia, por compartir conmigo incontables perspectivas sobre cómo afecta la ansiedad a los niños. Gracias por su paciencia mientras trabajaba en este libro (¡y disculpen por tanta pizza!).

A Mike Araujo, quien me ofreció apoyo y distracción por partes iguales. Me ayudaste a encontrar el equilibrio y la ecuanimidad necesarias para meter estas ideas en la página.